PAUL DU CHATELLIER

OPPIDUM DE TRONOEN

EN

SAINT-JEAN-TROLIMON

(FINISTÈRE)

EXTRAIT DU *Bulletin monumental.*
N° 3. — 1877.

TOURS

IMPRIMERIE PAUL BOUSEREZ

3, RUE DE LUCÉ, 3

OPPIDUM DE TRONOEN

EN

SAINT-JEAN-TROLIMON

(FINISTÈRE)

A l'extrémité ouest de la commune de Saint-Jean-Trolimon se trouve un plateau assez étendu dominant l'ensemble de la magnifique baie qui se déroule de la pointe de Penmarc'h à celle du Raz. Du haut de ce plateau, en jetant les regards autour de soi, on voit les divers monuments que les populations de l'époque néolithique ont laissés après elles dans les vastes plaines qu'enserrent ces rivages. Mais pour le moment ne nous occupons que de l'oppidum de Tronoën, situé sur un terrain incliné vers la mer, au nord et à cent mètres environ d'une chapelle dont le joli calvaire est souvent visité par les touristes.

Dans le courant de 1876 les fermiers de Tronoën vinrent me prévenir que le soc de leur charrue s'étant heurté à des substructions, ils désiraient que je vinsse sur les lieux pour juger par moi-même de ce qu'ils avaient rencontré.

Après un accord passé avec eux et avec la propriétaire du lieu, je me mis à l'œuvre et pratiquai des fouilles régulières qui m'ont donné d'excellents résultats. Merci donc à la propriétaire qui m'a gracieusement accordé l'autorisation que M. Léon Palustre voulut bien solliciter d'elle. Merci aussi au zélé directeur de la Société française d'Archéologie, qui, en cette circonstance, m'a prêté tout son bienveillant concours et a défendu avec tant de tact les intérêts de la science contre les supputations de certains archéologues, indignes de ce nom, qui, par des manœuvres inavouables, ont fait tout au monde pour arrêter mes travaux.

Je suivis d'abord les substructions découvertes par la charrue et m'attachai à en reconnaître le tracé en poussant devant moi une tranchée de trois mètres de large dans la direction du sud au nord.

Deux murs s'offrirent bientôt à mes regards ; ils n'étaient pas parallèles, mais l'espace qui les séparait, après avoir été de 1 mètre, était porté rapidement à 1^{m}30. L'un et l'autre alors accusant un angle obtus se tenaient séparés durant quatre mètres par une distance uniforme, après quoi celui placé à l'intérieur prenait brusquement fin, tandis que l'autre se déroulait longtemps encore suivant plusieurs angles successifs. J'ai suivi ce dernier quarante mètres jusqu'à la rencontre d'une voie charretière, au delà de laquelle il reparaît, ainsi que je m'en suis assuré.

Ces murs de 60 centimètres d'épaisseur, construits en petites pierres non échantillonnées, étaient enduits d'un mélange de mortier et de chaux d'un aspect jaunâtre sur lequel on avait tracé en creux des lignes qui se croisaient à angle droit, de manière à simuler des pierres d'égale grandeur, au moins du côté interne de l'oppidum.

Le mur à l'extérieur, construit avec moins de soin, ainsi qu'il résulte de l'examen des lieux, était probablement adossé à des terres relevées en talus. En réalité nous avons reconnu là une sorte de boyau destiné à rendre l'accès du camp plus difficile et peut être aussi à se protéger contre une surprise.

Les murs rasés au niveau du sol ont conservé sous terre une hauteur qui varie de 80 centimètres à 1^m80 ; la hauteur augmentant à mesure que nous nous rapprochons du sommet du coteau. J'ai tout fait pour conserver ces restes après les avoir rendus à la lumière, mais la chose m'a été impossible ; les cultivateurs, malgré toutes mes prières, ont tout détruit. Ils étaient aussi poussés par un autre mobile, celui d'ensemencer les terres que je remuais au fur et à mesure que j'avançais.

Peu éloigné de la mer, le sol s'est, en cet endroit, successivement exaucé par l'apport des sables, que les rudes tempêtes dont nos côtes sont si souvent témoins amoncellent sur leur passage. Aussi avant d'atteindre ce que j'appellerai la couche archéologique, celle qui renfermait les objets intéressants dont j'aurai bientôt à entretenir le lecteur, ai-je été obligé, partout, de commencer par enlever une épaisseur de sable de mer variant de 40 à 80 centimètres. Ce sable reparaissait à 1^m60 ou 2 mètres plus bas, et indiquait ainsi le sol primitif sur lequel s'étaient établies des populations qu'il serait si intéressant de connaître et dont le séjour en ce lieu a dû avoir une longue durée.

La tranchée de trois mètres que j'ai ouverte le long des murs m'a donné, à diverses profondeurs, une énorme quantité de débris céramiques, appartenant à la poterie la plus grossière, comme à celle dite de Samos. J'ai trouvé également de nombreux fragments de vases en verre, aussi variés de couleur que de forme, quelques-uns ornés de reliefs ; enfin des statuettes mutilées de Lucine et de Vénus. Un fragment, qui a appartenu à une représentation de cette dernière déesse, offre même cette particularité intéressante qu'il est recouvert d'une teinte rosée, évidemment posée après la cuisson puisqu'elle ne résiste pas au lavage. A tout cela étaient mêlés en nombre considérable des tuiles à rebord, des ossements et des coquillages, ce qui, avec quelques monnaies recueillies cà et là, indiquait une occupation prolongée de notre oppidum.

Parmi les monnaies, nous remarquons des pièces gauloises, malheureusement dans un mauvais état de conservation ; des bronzes romains, au nombre de cinquante, huit grands, douze moyens et trente petits, formant une série qui s'étend d'Auguste à Constantin ; enfin une monnaie d'argent de la République (Valeria) et deux Auguste du même métal.

OBJETS EN FER.

Mais cette tranchée a surtout fourni une intéressante série d'armes en fer d'une grande variété, les unes parfaitement conservées, les autres brisées et mutilées.

J'ai dessiné sous les n°s 1 et 2, les lances qui m'ont paru les plus dignes d'être mises sous les yeux du lecteur. Leur forme est remarquable, et par leurs dimensions elles se trouvent aux deux extrémités de la série. Toutes, du reste, se distinguent par la petitesse de l'emmanchure et la grosseur des rivets qui servaient à les fixer à des hampes de bois, ainsi qu'il est facile de le constater, en examinant l'intérieur des douilles où des parcelles ligneuses sont encore adhérentes.

Ces lances étaient des armes de jet, ce qui, jusques à un certain point, nous explique la petitesse de leur emmanchure. On connaît aujourd'hui les curieux appareils servant à leur projection, grâce aux travaux de restitution si habilement exécutés dans les ateliers du musée de Saint-Germain, sous la savante direction de M. Alexandre Bertrand.

Une de ces lances mérite encore d'être particulièrement citée, par la façon intentionnelle dont elle est échancrée et découpée. Lancée contre l'ennemi, elle s'accrochait à son bouclier et forcément amenait un combat corps à corps.

Indiquons encore de nombreux talons de lances, vrais cylindres creux en fer, ornés de quelques cercles gravés; ils étaient destinés à recevoir l'extrémité de la hampe, tandis que de gros clous à tête pyramidale, au contraire, étaient fichés dans l'autre bout de la même hampe, tourné vers la terre.

Bien que les épées que j'ai découvertes soient en moins grand nombre que les lances, elles n'en offrent pas moins un grand intérêt par l'état de conservation de quelques-unes d'entre elles. Toutes sont en fer assez mince, à double tranchant et à arête médiane qui court de la soie à la pointe. Celle dessinée sous le n° 3 mesure 0^m72 de long, y compris la soie qui a 0^m10; une autre, moins large et moins longue, n'a que 0^m66 de long, y compris la soie, qui mesure ici 0^m09.

Les soies de ces deux épées sont carrées et sans trous de rivets. La poignée, en os, en bois ou en corne, était donc probablement retenue par l'appendice en forme d'ailerons, dont notre n° 4 présente un spécimen. Cette disposition est peu commune.

Ces épées étaient serrées entre deux lames de fer très-minces, roulées sur le flanc, qui formaient fourreau. Vers le haut de la face appliquée contre le corps, une patte en fer servait à laisser passer une lanière de suspension, en cuir, sans doute, ayant au plus deux centimètres et demi de largeur. J'ai figuré sous le n° 5 un fragment de fourreau muni de cet appendice.

Les n°ˢ 6 et 7 présentent deux extrémités de fourreaux, également en fer, remarquables par leur style. J'en ai trouvé plusieurs du même genre, ce qui fait supposer que c'était là un type assez communément répandu. Les populations gauloises qui ont construit l'oppidum de Tronoën avaient donc des notions d'art qui nous reportent déjà bien loin de l'état de civilisation où vivaient les hommes qui ont élevé nos monuments mégalithiques.

A côté des épées il faut placer plusieurs couteaux ou poignards d'une très-belle conservation. L'un d'eux, qui mesure 0ᵐ22 de long, y compris la soie, est assez semblable aux couteaux dont se servent encore nos ménagères. Il avait un manche en bois fixé par deux rivets, ainsi que l'attestent des parcelles ligneuses adhérentes à la soie.

Si, en nous éloignant de la muraille, nous nous dirigeons vers le centre de l'oppidum, nous ne trouvons plus que de rares objets en fer. Citons cependant deux curieux marteaux, qui rappellent ceux dont se servent encore nos maçons bretons ; plusieurs anneaux et boucles rondes de différentes dimensions ; une grande quantité de clous aussi variés de formes que de dimensions, carrés ou ronds, à têtes plates ou coniques ; trois petits ciseaux analogues à ceux de nos menuisiers ; une très-petite faucille avec douille, et deux autres plus grandes, dont le manche était maintenu par des rivets ; l'une d'elle a presque la dimension des faucilles dont nos cultivateurs se servent aujourd'hui pour le coupage des blés ; enfin plusieurs fragments de chaînes semblables à celles de la Marne. Grâce aux découvertes de M. de Baye, il est aujourd'hui montré d'une manière à peu près incontestable que ces chaînes étaient destinées à suspendre l'épée. Leur force s'explique, du reste, par le

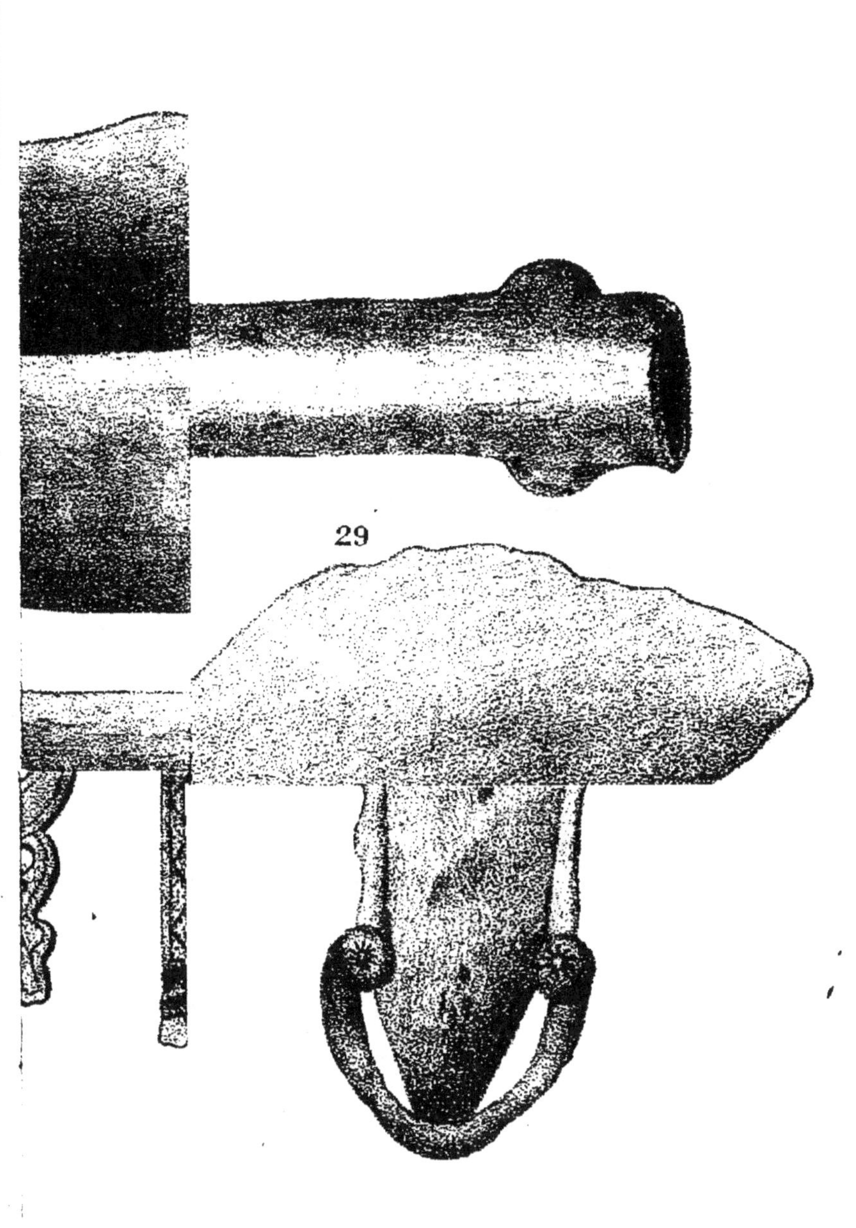

29

noën en

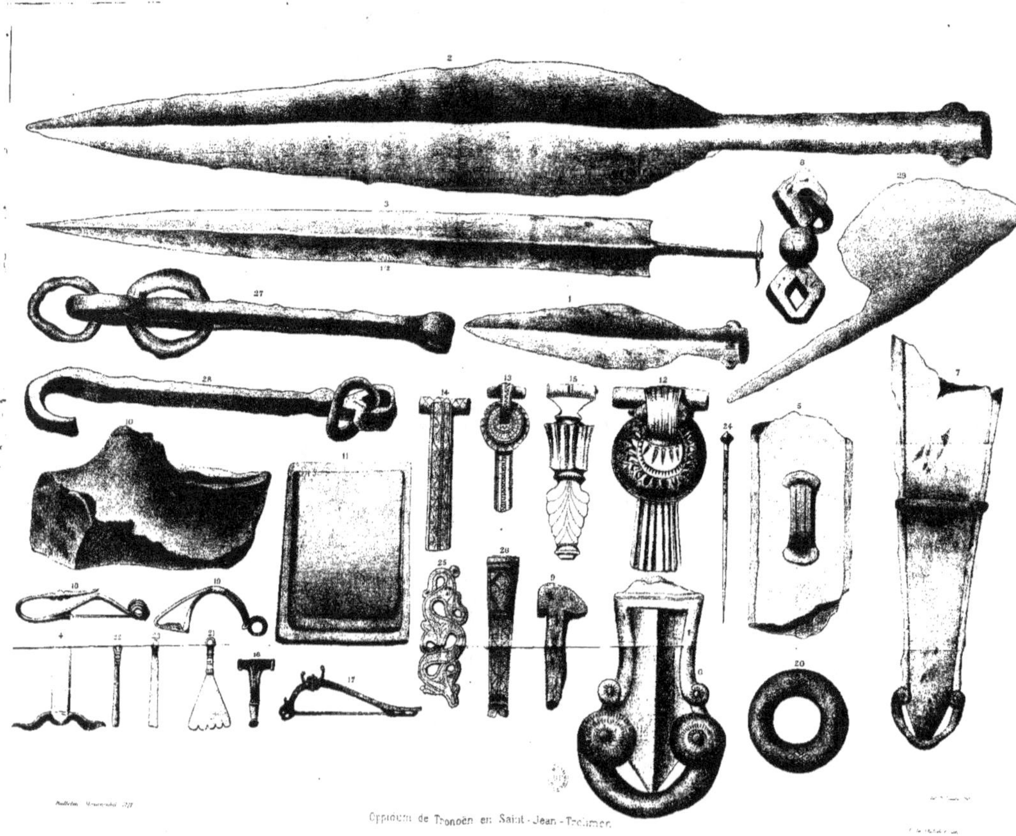

Oppidum de Tronoën en Saint-Jean-Trolimon.

poids assez considérable que devait avoir cette arme munie de son fourreau.

Plusieurs bandes creuses, formées d'une mince et étroite lame de fer repliée sur elle-même dans le sens de la longueur, étaient destinées à border les boucliers ; du moins les dernières découvertes faites dans la Marne, ce pays privilégié des antiquités gauloises, autorisent-elles cette supposition. Leur présence ici n'a rien que de très-naturel, au milieu de toutes ces armes éparses sur le sol de l'oppidum.

La population guerrière qui occupait ce petit poste, ne pouvait manquer de nous avoir laissé quelques restes des chars si usités alors pour combattre, d'autant plus que les chevaux ne manquaient pas, ainsi qu'il m'a été donné de le constater par la grande quantité de dents de ces animaux disséminées dans la couche archéologique. Nous signalerons l'objet dessiné sous le n° 8, dont les analogues ont été trouvés dans la Marne, puis le n° 9 qui ressemble à une clavette de roue. A cette catégorie appartiennent encore, je pense, les n°ˢ 27 et 28, qui ont dû servir soit à l'équipement des chevaux, soit à l'ornementation des chars ; il en est de même de plusieurs fragments de cercles, de trois centimètres de large, qui ont pu faire partie de ferrures de roues ; l'un d'eux conserve encore un fort clou à tête plate.

Il ne nous reste plus à signaler que quelques fibules très-simples, deux ou trois hameçons, deux poignées assez semblables à celles de nos marmites actuelles ; plus le n° 29, qui mérite de fixer notre attention. C'est un petit instrument dont le tranchant est curviligne, tandis que le dos est droit et légèrement renforcé. La soie devait s'emmancher dans un morceau de bois ou d'os. Cet instrument ne pourrait-il pas être la *novacula* des anciens, encore inconnue et dont Martial nous donne presque la forme, en disant qu'on la conservait dans un étui recourbé (1).

OBJETS EN OS.

Si le nombre des objets en os que j'ai recueillis est très-restreint, il n'en présente pas moins quelques spécimens véritablement dignes d'attention.

En premier lieu, nous citerons un curieux marteau dessiné sous le n° 10. Cet os, percé au milieu d'un trou pour le manche, a longtemps servi, car ses cellules osseuses ont été resserrées par un choc continu. On pourrait même se demander si ce n'est pas là un instrument destiné à la préparation des peaux pour casques ou boucliers. Les Gaulois, du reste, ne se coiffaient-ils pas de hures de sangliers et ne pourrait-on pas expliquer ainsi la grande quantité de défenses ramassées un peu partout dans la partie fouillée de l'oppidum.

Viennent ensuite quelques poinçons, les uns percés d'un trou pour la suspension, les autres formés d'un simple éclat, dont la pointe est amincie. L'un d'entre eux, taillé dans un fragment de bois de cerf, offre des dimensions tellement exceptionnelles, et s'adapte si bien à la main que l'on peut en faire avec autant d'avantage une arme ou un poinçon.

Plusieurs épingles en os ont la tête tantôt ronde, tantôt à facettes. L'une d'elles est intéressante par l'ornementation en spirale qui en décore la partie supérieure.

(1)   Sed fuerit curva cum tota novacula theca
Frangam tonsori crura manusque simul.

Mart., lib. ii.

Mentionnons encore un objet d'ornement, rond, semblable à un bouton, avec ou sans trou central, et une épingle ou poinçon, en corne ou en écaille, percé d'un trou pour la suspension.

OBJETS EN PIERRE.

Chez des populations qui se servaient d'armes en fer aussi perfectionnées que celles dont nous avons parlé plus haut, les armes en pierre devaient être rares; aussi n'avons-nous rencontré qu'une pointe de flèche en silex, finement retouchée : nous la citons pour mémoire. Quant aux autres éclats de silex, ils n'ont pas de formes déterminées; ce qui empêche de leur assigner une destination même probable.

La moitié d'un *celta* en diorite, extrémité du tranchant, et deux galets, probablement *celtæ* en préparation, dont l'une des extrémités est usée et tranchante, complètent cette partie de nos découvertes.

Mais dans un temps où chaque homme se servait d'armes blanches qu'il fallait entretenir en vue d'une attaque toujours possible, les pierres à aiguiser devenaient un objet de première nécessité. Aussi, n'est-il pas étonnant que nous ayons trouvé un grand nombre de ces instruments, ainsi que plusieurs polissoirs en terre cuite, quelque peu semblables à nos morceaux de savon de toilette, dont le long usage ne saurait être contesté.

Au milieu de tous ces débris gisaient de nombreux percuteurs, en général fournis par les galets du rivage voisin, qui se prêtaient le mieux à cet usage. Il y avait également un certain nombre de pierres à concasser le blé, meules primitives, en tout semblables à celles que l'on rencontre si fréquemment dans les stations néolithiques, sur lesquelles on écrasait le grain à l'aide d'une molette. Procédé bien imparfait auquel ont succédé les meules à bras, si communes dans les stations gauloises ou romaines et que nous ne pouvions manquer de rencontrer ici.

Vers le centre, à vingt-cinq mètres environ de l'enceinte, se voient des amas considérables de cendres mêlées de pierres. C'est au milieu de ces restes d'un incendie que nous avons recueilli en grande quantité les fragments de statuettes dont nous avons parlé déjà et représentant Vénus et Lucine, à côté de chevaux, de taureaux et de coqs mutilés. Tous ces fragments, d'un poids de vingt kilos environ, portent encore les traces du feu qu'ils ont subi. N'oublions pas également un objet en albâtre dessiné sous le n° 11, sorte de palette probablement destinée à délayer des couleurs qui, coulant sur sa surface disposée en plan incliné, venaient se réunir dans la rigole assez profonde creusée à l'une de ses extrémités.

OBJETS EN BRONZE.

Si à l'époque où l'oppidum de Tronoën était habité, le bronze avait déjà en partie cédé la place au fer, il régnait encore en maître dans la fabrication des bijoux. Les fibules en fer ne se sont trouvées qu'au nombre de trois ou quatre, tandis que celles en bronze sont beaucoup plus nombreuses et plus intéressantes. Il suffit, pour s'en convaincre, de jeter les yeux sur les dessins qui accompagnent ce mémoire.

Les fig. 12, 13 et 14, dont il s'est présenté plusieurs exemplaires, me paraissent surtout curieuses par leur similitude avec des objets du même genre trouvés en

Étrurie. Aussi m'est-il arrivé de me demander si dans ce milieu où l'art gaulois se trouva mélangé à des importations romaines, ces fibules ne sont pas, ainsi que plusieurs trouvailles semblent l'attester, la preuve nouvelle de l'introduction de l'art étrusque en Gaule par suite des excursions répétées de nos ancêtres au delà des Alpes.

Les fibules n°s 15 et 16 sont encore d'un beau modèle quoique paraissant dégagées de l'influence étrangère ; elles conservent de fortes traces d'argenture. Celles dessinées sous les n°s 17, 18 et 19 sont essentiellement gauloises et, si je ne me trompe, assez semblables à plusieurs de celles trouvées dans les cimetières gaulois de la Marne. Le n° 19 porte en relief, sur le petit écusson ménagé à sa partie proéminante, les deux lettres M D.

La fig. 20 représente un anneau de bronze blanc, entièrement aplati dans son pourtour. J'en ai recueilli plusieurs du même genre, qui ne diffèrent entre eux que par les dimensions et par les dessins tracés sur chaque face ; c'étaient probablement des anneaux de ceinturon. Un fragment de bracelet orné de stries profondes est pris entre plusieurs autres, unis ou décorés de lignes parallèles, en bronze plein ou creux.

Le n° 21 donne le dessin d'un objet à extrémité dentelée, qui n'est autre que la molette de quelque potier.

Les fig. 22 et 23 reproduisent plusieurs petits objets qui alternaient sans doute dans un collier.

Sous le n° 24 j'ai dessiné une épingle qui, par son ornementation, m'a paru la plus intéressante de toutes. Elle devait faire partie de la parure de quelques-unes des femmes à qui ont appartenu l'aiguille à coudre et les nombreuses fusaïoles en terre cuite rencontrées dans la couche archéologique. Au lieu d'être des pesons de fuseau, ainsi que le veulent certains archéologues, ces objets pourraient bien être, comme le suppose M. Gozzadini, de ces poids ou petits glands que les anciens attachaient aux vêtements.

La fig. 25 reproduit un objet destiné à être fixé par des rivets de petites dimensions. Nous avons tout lieu de croire, d'après les trous et les rivets encore adhérents, qu'il a dû être attaché sur des lanières de cuir et orner, avec d'autres objets du même genre, quelque cheval de bataille appartenant à des membres de cette aristocratie guerrière qui couvraient leurs coursiers de harnais étincelants.

Le n° 26 donne le dessin d'un objet qui a dû servir à orner l'angle de quelque petit meuble. A cette catégorie appartient aussi peut-être un petit pied de bœuf.

Si nous ajoutons à tout ce qui précède un fragment de statuette en bronze et quelques morceaux d'une inscription de la bonne époque, sur pierre tendre, qui doit provenir de Saint-Savinien (Maine-et-Loire), assurent les hommes compétents, nous en aurons fini avec la description des principaux objets exhumés de l'oppidum de Tronoën.

Cette inscription, dont les lettres mesurent 0^{m}06 de haut, est malheureusement bien incomplète jusqu'ici. Le plus grand fragment hous donne en trois lignes ce qui suit :

<pre>
NVM . . . .
ETDEA . . . .
SiLaN . . . . . .
</pre>

Une quatrième ligne présente encore les deux lettres E et X, placées sous l'I et l'L de la troisième ; enfin la lettre H est encore visible sur un fragment isolé. Dans tous les cas, il est probable que cette inscription avait un

caractère votif, tout en servant peut-être à fixer la distance
de l'oppidum à quelque localité importante.

Il est évident, d'après tout ce qui précède, qu'à Tronoën, comme dans beaucoup d'autres endroits, l'occupation romaine s'était superposée à un établissement gaulois.
Mais quelle pouvait être la raison de cette double installa-
tion d'une importance incontestable, dans un pays aujour-
d'hui encore si peu fertile? Je crois que la réponse nous
est fournie par la nécessité de réduire les tribus gauloises
maîtresses du sol avant les invasions de César, et qui
peut-être, chassées et poussées devant les légions du grand
conquérant, avaient cherché un dernier refuge dans la
presqu'île déserte de Penmarc'h. Il est d'ailleurs permis
d'espérer que ces fouilles, qui ont déjà donné de si intéressants résultats, poursuivies avec persistance, nous four-
niront de nouveaux et utiles enseignements.

Mars 1877.

Tours, Imp. Paul Bouserez.